AF262256

3338

NAPOLÉON,
MARIE-LOUISE,
ET
LE ROI DE ROME.

Chant lyrique,

IMITÉ DU POÈME LATIN DE Mr. LEMAIRE,
Professeur de Poésie latine à la Faculté des lettres de Paris,

Par Mr. *Hippolyte* LEFEBVRE,
Ancien Professeur de Juilly.

PARIS.

1811.

Imprimerie de *Dondey-Dupré*.

QUEL Hymne offrir digne enfin d'une Reine ?
Et quel présent pourrait le mieux,
De notre auguste Souveraine
Flatter le cœur et reposer les yeux ?

VA, m'ont dit les neuf Sœurs, dans le choix d'un hommage
Ose emprunter celui de tous,
Qui près d'elle a placé la plus parfaite image
De son Fils et de son Époux.

NAPOLÉON,

MARIE-LOUISE

ET

LE ROI DE ROME.

Pourquoi, vers les sacrés portiques,
Appelé par l'airain pieux,
Tout un peuple religieux
Élevant ses nouveaux cantiques?

Que d'offrandes! l'autel a ployé sous le faix:
Jusqu'au trône éthéré, la prière fidelle,
Avec les flots d'encens monte, et se renouvelle,
Du Très-Haut sur son peuple invoquant les bienfaits:
Par toi, qu'il nous accorde, épouse fortunée,
Le premier fruit d'un illustre hyménée;
Le gage heureux d'une éternelle paix!

Muette si long-tems sous ces voûtes antiques,
Digne oracle d'un Dieu fléchi dans ses rigueurs,
Quelle voix retentit? quels accens prophétiques
De soudaines clartés inondent tous les cœurs?

C'est lui, c'est sa voix ferme et sûre;
Ce pontife, de notre loi
Vient donc rouvrir la source pure,
Fidelle à Dieu comme à son Roi!
Ces brebis, qui lui sont si chères,
Sans pasteur errantes naguères,
Sous lui ne font plus qu'un troupeau;
Et d'une foi vive et féconde,
Dans la cité reine du Monde,
Il vient rallumer le flambeau.

Échappé d'un sanglant naufrage,
De qui l'héroïque pasteur
Tient-il le prix d'un grand courage?
Du Monarque réparateur;
Du Héros que sa renommée
Son étoile, sa noble armée,
Au premier trône avaient porté.
Immense et puissant ministère!
Par lui, des cieux et de la terre,
S'accomplit l'auguste traité.

Mais devant toi le voile s'ouvre,
Pontife, embrasse ton autel ;
Et, plein du Dieu qui te découvre
De ses décrets l'ordre immortel,
Poursuis ta fervente prière :
Qu'avec toi la patrie entière
Du ciel implore le secours !
Marie est en proie aux alarmes...
Ah ! que de ses premières larmes
Un Dieu daigne abréger le cours !

Si ma voix, faible encor, de la tienne interprète,
Pouvait à l'orateur égaler le poëte,
Si je sentais en moi tes éloquens transports,
Tu m'entendrais soudain, comme autrefois Virgile,
  Des Muses de Sicile
  Ennoblir les accords.

Quoi ! pour une naissance aux peuples étrangère,
Dédaignant l'humble myrte et l'ombre bocagère,
Pour le Fils d'un Consul il aggrandit sa voix !
Il sut, en s'élevant aux oracles insignes,
  D'un Consul rendre dignes
  Et les champs et les bois !

Ah ! combien à sa Muse une immortelle Race,
Un nouvel âge d'or descendu sur sa trace,
D'atteindre à plus de gloire eût imposé la loi !
Combien le Monde, épris d'un long règne prospère,
    Sous le sceptre du père
    Eût béni l'Enfant-Roi !

O France ! ô ma patrie ! ô famille guerrière !
Lève sur tous les Rois, lève ta tête altière;
C'est pour toi que commence un nouveau siècle d'or,
Et que Napoléon, l'envoyé de Dieu même,
    De la faveur suprême
    Épanche le trésor.

Fier de son rejeton, le chêne qui t'ombrage,
Ni du fer ni du tems ne craint donc plus l'outrage !
Plus de borne à tes vœux, de terme à ton amour;
De ce Fils vois sortir des courages sublimes :
    Que d'enfants magnanimes
    Naîtront d'eux à leur tour !

Le Seigneur l'a prédit; sa parole est certaine.
Un si grand avenir soutient ta jeune Reine :
Que de maîtres du Monde elle porte en son sein !
Reine des nations, applaudis-toi, comme elle,
    D'une race éternelle,
    D'un empire sans fin.

Toi même, heureuse Autriche, heureuse en hyménées,
Partage notre espoir, nos vœux, nos destinées.
Tes vierges ont souvent secondé tes guerriers :
Sous tes prudentes mains les roses s'embellissent,
       Et les myrtes fleurissent
       Non moins que les lauriers.

Tes Héros, tes remparts, ton Danube rapide
Pouvaient-ils dans sa course arrêter notre Alcide ?
La Paix, fille du ciel, vint rassurer ton cœur :
Un Ange la suivait ; son regard plein de charmes,
       Plus puissant que tes armes,
       Triompha du vainqueur.

      Salut, aimable et jeune Aurore,
      Dont l'éclat se répand sur nous !
      Le Germain, le Français t'adore,
      Lien d'un père et d'un époux.
      Ainsi réunis avec grace,
      Deux ormeaux, que la vigne embrasse,
      Sont les Monarques d'alentour ;
      Et, sous leur fraternel ombrage,
      Des plaisirs la troupe volage
      Revient en chœur chanter l'amour.

      Vierge, voici le diadême,
      L'ornement auguste et sacré
      Que pour toi Thérèse elle-même
      Dans les cieux avait préparé :

Roi dans la paix, Roi dans la guerre,
Ta noble ayeule, sur la terre
En toi retrouve sa vertu :
Et ta piété ferme et sage
Saura porter avec courage
Le double sceptre qui t'est dû.

Cet âge heureux de l'hyménée
A peine était venu pour toi ;
Déjà ta haute destinée
Fixait les vœux de plus d'un Roi ;
Lorsqu'un Héros, de sa grande ame
Trahissant la secrète flamme,
Réunit ses conseils divers ;
Et se proclamant ta conquête,
De son bandeau ceignit ta tête,
Et t'offrit pour dot l'Univers !

Marie a revêtu la robe nuptiale.
Doux charme d'un époux, ô grace virginale,
Que du premier amour embellit la pudeur !...
Mais une prévoyante et royale grandeur,
A sa gloire élevant sa compagne nouvelle,
De la maternité lui remet la tutelle.
L'orphelin qu'elle adopte oublîra ses douleurs ;
Dans le cœur d'une Reine il retrouve une mère :
Ce nest que pour la main propice à sa misère
Que ses tendres regards auront encor des pleurs.

Des devoirs maternels tel est l'heureux prélude ;
Et dans ce chaste sein naît leur douce habitude...
Les tems vont s'accomplir : il n'est pas loin le jour,
Où les cris de son peuple, où les chants de sa cour
Au temple la suivront, triomphante et chérie,
Du Fils d'un tel époux rendre grace à Marie.
Là, déjà répandue autour du saint autel,
D'un essaim de Héros l'alégresse profonde
Éclate, et chante au loin cet hymne solennel :
« Marie ! ô nom sacré ! double flambeau du Monde,
» Qui, cher à tous les cœurs, à jamais radieux
» Brille, l'un sur la terre, et l'autre dans les cieux ! »

Dans ce touchant concert des pieuses louanges,
Voyez de sa splendeur le père environné,
Offrant à l'Éternel l'Enfant prédestiné...
Alors vous entendrez l'auguste voix des Anges
Garantir à l'amour de vingt peuples ravis,
Tous les bienfaits présens, les bienfaits qu'il espère,
  Les miracles du père ,
  Les merveilles du fils.

  L'Empire attend son second Maître :
  D'un sang si beau digne héritier,
  Noble Enfant, c'est à toi de naître :
  Vois-tu le paternel laurier
  Joint à l'olive pacifique,
  Qui, sur ta couche magnifique,

Descend, et veut la protéger ;
Et les guirlandes maternelles,
Les myrtes à l'amour fidelles,
Qui s'inclinent pour t'ombrager ?

VERS toi la Religion sainte
De Dieu même apporte les lois.
Thémis relève son enceinte,
Rempart des Sujets et des Rois.
La fortune, à tes vœux propice,
N'a plus ni rigueur, ni caprice :
Au cœur d'un père, ardent foyer,
Ton jeune cœur puise la gloire,
Et le secret de la Victoire
Se révèle à toi tout entier !

QUEL amas de pompeux trophées !
De palmes quel brillant faisceau
Inspire les divins Orphées
Rangés autour de ton berceau !
Non moins heureux de ta naissance,
Vingt Rois accourent vers la France
T'offrir un hommage assidu ;
Baissant leur sceptre tributaire,
Pour le Monarque héréditaire
Par les deux Mondes attendu.

Rome, Rome elle-même au triomphe s'apprête :
Ainsi de ses grandeurs recommence la fête ;
Pour le fils, pour le père éclatent ses transports :
Ses poëtes fameux ont repris leur audace,
 Et la lyre d'Horace,
 Ses immortels accords.

« Oui, le fils d'un Héros est sa vivante image ;
» Le courage toujours enfante le courage :
» Tel est l'ordre éternel.... jamais du sang des Dieux
» Ne sortit la vertu qui chancelle et qui tombe ;
 » Jamais l'humble Colombe,
 » De l'Aigle audacieux. »

Aux prophétiques chants d'une antique harmonie,
Sous ses roseaux, le Roi des fleuves d'Ausonie,
Le Tibre s'est ému.... Quel feu dans ses regards !
Il a soudain, quittant ses demeures profondes,
 Salué de ses ondes
 Le vengeur des Césars.

Des tombeaux ébranlés sort, au bruit du tonnerre,
Ce peuple, ce Sénat, arbitres de la terre,
De qui la voix du tems a consacré les noms !
D'un vif et pur éclat leurs mânes unanimes
 Font rayonner les cimes
 Qu'élèvent les sept monts.

MAJESTUEUX Conseil! ces Héros, en silence,
Admirent et la pompe et l'astre qui s'avance
Sur la ville éternelle, et l'Empire latin.
Vaincus par tant de gloire, ils révèrent dans Rome
L'étoile du grand-homme,
Le glaive du destin.

VEUVE long-tems, aux larmes condamnée,
Et sans autels, errante, abandonnée,
Naguère encor sur de honteux débris,
Désormais la victoire, en son culte superbe,
N'a plus à déplorer ni ses temples sous l'herbe,
Ni ses lauriers flétris.

NON, non; jamais d'une flamme aussi belle,
Tout-à-coup rallumé par un plus grand César,
Le feu sacré n'aura brûlé pour elle :
Jamais bras si puissant n'aura guidé son char.

LE Capitole enfin, par de secrètes plaintes,
De stériles soupirs, des regrets superflus,
D'un long deuil affranchi, ne redemande plus
Son Jupiter absent et ses foudres éteintes.
Que d'honneurs plus pompeux lui doivent être offerts!
Déjà sa cime tremble.... il frémit... il s'étonne...
Il sent un nouveau Dieu qui tonne,
Un nouveau Dieu, maître de l'Univers.

Viens, parais sous de tels auspices,
Jeune Roi que nous attendons,
Du ciel les plus tendres délices,
Pour nous le plus cher de ses dons.
La terre à tes lois est soumise :
Albion pleure ; et la Tamise
Doit, vers l'aurore, à l'occident,
Sur tout l'Empire de Neptune
Reconnaître la loi commune,
Et remettre au Dieu son Trident.

Cependant l'Ister et la Seine
Iront, roulant un cours divers,
Mais joints d'une amitié certaine,
Garder la liberté des mers ;
Et leurs Aigles long-tems rivales,
Après ces discordes fatales,
Sauront, dans un calme guerrier,
L'une à l'autre toujours fidelles,
Couvrir de l'ombre de leurs aîles
La paix rendue au Monde entier.